JN057077

はじめに

手に取ってくださり、ありがとうございます。

この本はズバリ「食育クイズ名人」になれる本です。

三賢人の出すクイズは「なぜだろう」「びっくり」「なるほど」の連続です！

さぁ あなたも「食育クイズ名人」を目指してチャレンジしてみてください。

本書は誰にでも見やすいように＜カラーユニバーサルデザイン＞への配慮をしています。

目次

教養・文化

第1問 「助六」弁当の名前の由来は？ ……………………… 11

第2問 かんきつ類のくだものにない名前は？ …………… 11

第3問 じゃがいもの花言葉は？ ……………………………… 13

第4問 ナイフの先が丸いのはなぜ？ ……………………… 13

第5問 実際にハワイにある料理名は？ …………………… 15

第6問 「ムギ」の昔の漢字は？ …………………………… 15

第7問 「サザエ」というヒロインが登場する小説は？ …… 17

第8問 そうめんは何から作られている？ ………………… 17

第9問 ナイフとフォーク、古くからあるのは？ ………… 19

第10問 名前が重複表現になっている野菜は？ ………… 19

名人

第11問 「ひとりじめ」という品種のある食べ物は？ ……… 21

第12問 ピラミッドではたらく人に配られた食べ物は？ … 21

第13問 「タベルナ」って何のお店？ ………………………… 23

第14問 「ハヤトウリ」って知っていますか？ …………… 23

第15問 にんじんの原産地はどこの国？ ………………… 25

第16問 「ずいき」って何でしょう？ …………………… 25

第17問 ハワイ語で「マグロ」を何という？ …………… 27

第18問 秋から冬にかけて作られる韓国の食べ物は？ …… 27

第19問 「十日夜」に成長する野菜は？ ………………… 29

第20問 フランス語で「なべ」って何のこと？ ………… 29

第21問 「ネーブル」ってどんな意味？……………………… 31

第22問 昔は1文字だけの名前だった野菜って？………… 31

第23問 家族の呼び方に似た名前の魚は？……………… 33

第24問 「まめに暮らす」ってどういう意味？……………… 33

第25問 「たまたま」という名前のかんきつ類は？………… 35

サイエンス

第1問 「ふきのとう」と「ふき」は同じ？ ………………… 43

第2問 海そうが原料となる細長い食べ物は？………… 43

第3問 ベーグルの特徴的な作り方は？……………… 45

第4問 こんにゃくは何から作られる？……………… 45

第5問 麩は何から作られる？………………………… 47

第6問 びわの花はいつ咲く？……………………… 47

第7問 ドジョウは何の仲間？……………………… 49

第8問 ムール貝の和名は？………………………… 49

第9問 バナナの種はどこにある？………………… 51

第10問 甘いトマトの見分け方は？………………… 51

第11問 しょうがの香り成分はいくつある？………… 53

第12問 かんぴょうは何から作られる？…………… 53

第13問 「オオカミの桃」という学名の野菜は？……… 55

第14問 カニやエビをゆでると赤くなるのはなぜ？……… 55

第15問 なすの仲間ではない野菜は？………………… 57

第26問 魚へんに鬼と書く魚は？ …………………… 35

第27問 大豆を煮てすりつぶしたものを入れた汁ものの名前は？ … 37

第28問 「ヤンソンさんの誘惑」は何という料理？ ………… 37

第29問 「ズッコロ」ってどんな食べ物？ ……………… 39

第30問 フランス語で「せん切り」とよぶ女の子の名前は？ 39

第16問 さつまいもを長く保存するには？ …………………… 57

第17問 ごぼうは何の花の仲間？ …………………………… 59

第18問 ヒメジって魚を知ってる？ ………………………… 59

第19問 茶わん蒸しに入れてはいけないきのこは？ ……… 61

第20問 善玉菌を増やすごぼうの成分は？ ………………… 61

第21問 寒くなると野菜が甘くなるって本当？ …………… 63

第22問 食用アンコウの共通点は？ ………………………… 63

第23問 「田作り」の名前の由来は？ ……………………… 65

第24問 昔のみかんの特徴は？ ……………………………… 65

第25問 「ペンペン草」は食べられる？ …………………… 67

第26問 消火器は何にリサイクルされる？ ………………… 67

第27問 「油」と「脂」の違いは？ ………………………… 69

第28問 海そうはどこから養分をとる？ …………………… 69

第29問 クエン酸の名前の由来は？ ………………………… 71

第30問 ひなあられは何から作られる？ …………………… 71

なぞなぞ

第1問　ひそひそ笑われてしまう料理は？ ……………… 75

第2問　逆さにしてとってはいけない食べ物は？ ………… 75

第3問　チューしてまわる魚はなあに？ ………………… 77

第4問　将軍さまの前で遠慮して食べられない人は？ …… 77

第5問　残さず食べる子と富士山、その心は？ ………… 79

第6問　引いては取れない調味料は？ …………………… 79

第7問　8つ食べると幸せになる野菜は？ ……………… 81

第8問　さくを外すと暴れだすくだものは？ …………… 81

第9問　心にしみてくる貝はなあに？ …………………… 83

第10問　自分はももだと言い張るくだものは？ ………… 83

第11問　海そうが入っている部活って？ ………………… 85

第12問　逆さにすると目に入れても痛くない食べ物は？ … 85

第13問　大や中はあるけど、小のないものはなに？ ……… 87

第14問　本と並ぶと疑いながら読む食べ物は？ ………… 87

第15問　逆さまにするとへたれてしまうくだものは？ …… 89

教養文化

名前：ベス女史

好きな食べ物：チーズ

休みの日の過ごし方：家庭菜園

大好きなこと：料理

サイエンス

名前：しんのすけ

好きな食べ物：カレー・からあげ

休みの日の過ごし方：ゲーム

大好きなこと：実験

第16問 ひとめぼれなどの名前がある食べ物は？ …………… 89

第17問 砂糖だけ見かけない料理は？ ………………………… 91

第18問 算数ができる魔法の液体はなに？ ………………… 91

第19問 「大根役者」という理由は？ ………………………… 93

第20問 どんな所にでもある食べ物屋さんは？ ………… 93

第21問 はっきり名前を言ってもらえない鳥は？ ………… 95

第22問 おせちに入っている、私はだれでしょう？ ……… 95

第23問 おなかをふくらませると運がよくなる魚は？ …… 97

第24問 投げるといい当たりをされてしまうくだものは？ 97

第25問 いつも凍っているお菓子は？ …………………… 99

第26問 「たべたりない」と答える食べ物は？ …………… 99

第27問 子どもは待たずに食べてもいい野菜は？ ……… 101

第28問 天地逆さになっても友情が変わらない魚は？ …… 101

第29問 特別な人だけに与えられる卵の部分は？ ……… 103

第30問 世界で一番強い漬物は？ ……………………… 103

索引(五十音順) ……………………………………… 106

索引(四季別) ………………………………………… 108

パワポ資料ダウンロード手順 ……………………… 110

なぞなぞ

名前：てるてる

好きな食べ物：肉まん・白米・つけもの

大好きなこと：虫取り

<ruby>教<rt>きょう</rt>養<rt>よう</rt></ruby>・<ruby>文<rt>ぶん</rt>化<rt>か</rt></ruby>

教養・文化

第1問

春 夏 秋 冬

おいなりさんと巻きずしの入ったお弁当は、よく「助六」という名で売られています。助六は歌舞伎の主人公ですが、なぜこのおすしのお弁当を「助六」という名でよぶのでしょう?

1 両方とも助六の大好物だから

2 助六の恋人の名前にちなんだものだから

3 助六の父がすし屋で、母が豆腐屋だから

第2問

春 夏 秋 冬

きよみ、はるみ、ひろみ。まだかんきつ類のくだものにない名前は何でしょう?

1 きよみ

2 はるみ

3 ひろみ

11

1 答え：2番

　歌舞伎十八番の一つ「助六」。粋な江戸っ子、助六の恋人は「揚巻」という名の女性。助六は「友切丸」という行方不明の刀を探すため、日夜、町でお侍にけんかをしかけています。ある日、揚巻に言い寄る「髭の意休」がその刀の持主であることに気付き…、というお話ですが、「揚（おいなり）」と「巻（巻きずし）」で「助六」とは、これまた粋なネーミングですね。

2 答え：3番

　「きよみ（清見）」は温州みかんとオレンジを掛け合わせたかんきつ類で、みかんの甘みとオレンジの香りを受け継ぎ、デコポン、ポンカンと並んで「平成の三大かんきつ」ともいわれるそうです。「はるみ」はこの清見にポンカンを掛け合わせて生まれ、皮がさらにむきやすくなりました。「ひろみ」はまだありませんが、令和の間に、誕生するかもしれませんね。

第3問

「じゃがいも」の花言葉はどれでしょう？

1 根性
2 友情
3 慈愛

第4問

食事に使うナイフには先が丸いものが多いですね。
じつは先の丸いナイフは、昔、フランスであることをさせないために作られ、広まったそうです。
そのあることとは何でしょう？

1 食事中にナイフを使って決闘すること
2 食事中にナイフの先をつまようじ代わりに使うこと
3 食事中にナイフを口に入れて舌を切ってしまうこと

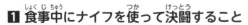

教養・文化

③ 答え：3番

　ほかに「恩恵」もあります。フランスのマリー・アントワネットが愛した花としても知られます。原産は南アメリカで、日本には安土桃山時代の終わりに伝えられたようですが、本格的な普及は明治に入り、北海道開拓とともにアメリカなどから優良な品種が導入されてからです。筋肉や脳のエネルギーのもとになる炭水化物（でんぷん）や、体の調子を整えるビタミンCを多く含んでいます。

④ 答え：2番

　「ペンは剣よりも強し」で有名なブルボン王朝の宰相としてフランスをヨーロッパの大国にしたリシュリュー枢機卿。あるとき、セギエという偉い役人と食事をしたときのことです。セギエが食事中、とがったナイフの先で歯のそうじをし始めたことにリシュリューは大きなショックを受け、家中のナイフの先を丸くさせました。ついには国中でとがったナイフを食事に使うことを禁止したそうです。

14

教養・文化

第5問

春 夏 秋 冬

次の中で、実際にハワイ料理にある料理名は何でしょう？

1 ポイ

2 ヘイ

3 オイ

第6問

春 夏 秋 冬

「ムギ」が実る季節ですね。ムギは漢字で「麦」と書きますが、もともとムギを表していたのは別の漢字で、今は違う意味を表す漢字として使われているそうです。では、そのもともとムギを表していたという漢字は次のうちどれでしょう？

1 走

2 来

3 米

15

教養・文化

5 　答え：1番

　「ポイ」はハワイ料理で、蒸したタロイモをついてペースト状にしたもの。調理のポイントは粘り気。現地の人は、少し置いてちょっとすっぱく発酵したものを好むそうです。そのほかハワイ料理では、マグロの刺し身の「ポキ」や、丼料理の「ロコモコ」が有名です。ちなみに「オイ」は韓国語で「きゅうり」。「オイキムチ」は、きゅうりのキムチです。

6 　答え：2番

　もともとムギは「來（来）」で、穂の垂れた姿を表していました。そして「麦」の漢字は、これに足の動作を表す「夊（すい）」を加えたもの「麥」でした。なぜ「来」からムギの意味が消えてしまったのかには諸説あります。ムギは育てるときに麦踏みをすることから「麦」だけになったとする説、またムギは天から授かった穀物とされていて、そこから「やってくる」という意味だけが残り、「来」が「来る」になったのではないかという説があります。

教養・文化

海水浴シーズン到来です。海の貝といえば「サザエ」が有名ですが、じつは「サザエ」という名のヒロインが登場する、まんがではない日本の小説作品があります。その小説とは何でしょう？

1 森鴎外の『渋江抽斎』

2 志賀直哉の『赤西蠣太』

3 有吉佐和子の『華岡清洲の妻』

「そうめん」は小麦粉と何から作られているのでしょう？

1 塩

2 寒天

3 牛乳

教養・文化

7 答え：2番

　『赤西蠣太』には、「小江（さざえ）」というヒロインが登場します。江戸時代の仙台藩に起こった伊達騒動の外伝といった短編小説です。まんがの『サザエさん』にも似て、登場人物に海の生き物の名前がたくさん出てくることで有名です。主人公の「蠣（かき）太」をはじめ、友人の「銀鮫（ぎんざめ）」、「鱒（ます）次郎」、「安甲（あんこう）」なども出てきます。

8 答え：1番

　そうめんは小麦粉に塩水を加えて練り、細く伸ばして乾燥させた小麦粉の加工食品です。おもにエネルギーのもとになるグループの食品です。夏に食欲がなくなったときには、薬味にねぎ、ごま、しょうが、みょうが、しそ、だいこんおろしなどを使い、豚肉やツナ、納豆などと一緒に食べると、疲労回復に役立ち、たんぱく質やビタミン類も合わせてとることができます。

第9問

春 夏 秋 冬

西洋料理では、よくナイフとフォークを使って食べますね。では、ナイフとフォークでは、どちらがより昔から使われていたのでしょう？

1 ナイフが先

2 フォークが先

3 両方同時に使われた

第10問

春 夏 秋 冬

「頭痛が痛い」「食事を食べる」といった言い方は、「重複表現」といって、同じ意味のことをくり返すため、書き言葉ではよく直される表現です。じつは夏野菜にも、名前がこの重複表現になっているものがあります。それは何でしょう？

1 マスクメロン

2 とうもろこし

3 さやいんげん

9　答え：1番

　食べる道具としてはナイフのほうが古く、ヨーロッパ中世の格式ある食卓では2本のナイフを両手に持って食事をしました。フォークはもともとナイフの先を二またにして肉の切り分け用に使ったものです。17世紀以降、現在の形に近付いて歯が3本になり、19世紀の終わりには、イギリスで4本歯のものが一般的なディナーフォークになったそうです。

10　答え：2番

　「とうもろこし」は「唐（とう）」「唐土（もろこし）」という、どちらも中国の昔の国名が重なっています。「唐（とう）きび」とよんだり、「南蛮（なんばん）きび」を縮めた「なんば」とよぶ地域もあります。いずれも、とうもろこしが外国から伝えられたことに由来する名前です。このほか重複表現の食べ物名には、「チゲ鍋」や「えんどうまめ」などがあります。

教養・文化

第11問

春 夏 秋 冬

「ひとりじめ」という品種もある、暑い夏に欠かせない食べ物はなあに？

1 すいか

2 メロン

3 もも

第12問

春 夏 秋 冬

夏ばてに注意したいですね。さて、大昔のエジプトで、ピラミッドの建設現場ではたらく人たちに配られたという食べ物は何でしょう？

1 すいか

2 にんにく

3 たまねぎ

11 答え：1番
こた ばん

　「ひとりじめ」は小玉スイカの1品種。小さいので農家の人には軽くて
　　　　　　　　こだま　　　　　ひんしゅ　ちい　　　　　のうか　ひと　　かる
作業がしやすく、家庭では冷蔵庫でそのまま保存でき、少ない人数で
さぎょう　　　　　　　かてい　　れいぞうこ　　　　　　　ほぞん　　すく　にんずう
も食べ切れることも好まれています。すいかはアフリカが原産地で
　た　き　　　　　　この　　　　　　　　　　　　　　　　　　げんさんち
90％以上が水分ですが、エネルギー効率のよい果糖と利尿作用のある
　　いじょう　すいぶん　　　　　　　　　こうりつ　　　　かとう　りにょうさよう
カリウムが含まれます。老廃物を体の外に出して夏の疲れを癒して
　　　　　ふく　　　　　ろうはいぶつ　からだ　そと　だ　　なつ　つか　　いや
くれます。

12 答え：3番
こた ばん

　ピラミッドを作るため、はたらいた人に配られたという記録があり、
　　　　　　　つく　　　　　　　　　　ひと　くば　　　　　　　きろく
大変な仕事で精をつけさせるためとか、お給料として配られたと考え
たいへん　しごと　せい　　　　　　　　　　　きゅうりょう　　くば　　　　かんが
られています。たまねぎには、体内で炭水化物からエネルギーを生み出
　　　　　　　　　　　　　　たいない　たんすいかぶつ　　　　　　　　　　う　だ
すときにはたらくビタミンB_1のはたらきを助けるアリシンを多く含んで
　　　　　　　　　　　　　　　　　　　　たす　　　　　　　おお　ふく
います。そのためビタミンB_1の多い豚肉などと一緒にたまねぎを食べる
　　　　　　　　　　　　　　おお　ぶたにく　　　　いっしょ　　　　　　た
と、夏ばて防止のスタミナ食にもなります。
　なつ　　ぼうし　　　　しょく

第13問

食欲の秋到来ですね。さてイタリアには「タベルナ」という名前のお店がありますが、一体、何のお店でしょう？

1 薬屋さん

2 瀬戸物屋さん

3 食べ物屋さん

第14問

食夏秋冬

「ハヤトウリ」って知っていますか。九州や四国でよく栽培される、洋なしのような形をした瓜です。このハヤトウリ、高知県では「チャーテ」といいますが、これはもともと昔のある国の言葉だと考えられています。それはどこでしょう？

1 アステカ帝国

2 ペルシア帝国

3 エジプト王国

教養・文化

13　答え：3番

　「タベルナでたくさん食えとはこれいかに」。なぞかけではありませんが、イタリア語でタベルナ（taverna）は軽い食事を出す居酒屋のこと。もともとはギリシア語で食堂を意味する言葉で、スペイン語や英語にも似た言葉があります。なお、いわゆるレストランはイタリアで「リストランテ」、食堂は「サラ・ダ・プランツォ」といいます。

14　答え：1番

　「チャーテ」は南米のナワトル語が起源とされます。アステカ人が話し、今でもメキシコで一部のインディオの人たちの間で話されているといいます。このチャーテという言葉はまずスペイン語に入り、その後英語になりました。でも高知県になぜこの言葉が伝わったのかは不明です。ちなみにトマト、アボカド、カカオもこのナワトル語が起源とされています。

教養・文化

第15問

春 夏 秋 冬

夏に種まきして、秋から冬にかけて収穫されるのが「にんじん」です。さて、にんじんの原産地と考えられている国はどこでしょう?

1 イギリス

2 エジプト

3 アフガニスタン

第16問

春 夏 秋 冬

みなさん「ずいき」を知っていますか? 煮物にしたり、干したものを戻してみそ汁の具にしたりします。
このずいき、みんながよく知っているものの一部です。それは何でしょう?

1 ひょうたんのつる

2 さといもの茎

3 すいかの皮

教養・文化

15 答え：3番

　「にんじん」の原産地はアフガニスタンと考えられ、そこからヨーロッパに伝わった西洋系と、インドを経て中国に伝わった東洋系に分かれます。日本には江戸時代の初めごろ、まず東洋系が伝わりました。東洋系で今でも残っているのは「金時にんじん」などです。その後、オランダでオレンジ色のにんじんが生まれ、明治以降、西洋系の品種が日本に導入されました。

16 答え：2番

　「ずいき」はさといもの茎（正確には葉の一部で「葉柄」）で、いもではなく、このずいきをとるための専用の品種もあります。干したずいきは「いもがら」「からとり」ともいわれ、貯蔵性に優れ、戦国時代には畳の床材にしたり、着物に縫い込んだりして、飢饉や戦のときの非常食にしたそうです。なお、ひょうたんの実の果肉を削って干したものは「かんぴょう」です。

教養・文化

第17問

春 夏 秋 冬

10月10日は「まぐろの日」です。ハワイの言葉で「マグロ」は何というでしょう？

or
アウ アヒ アヘ
or

1 アウ
2 アヒ
3 アヘ

第18問

春 夏 秋 冬

お隣の韓国では秋から冬にかけて、ある食べ物づくりにちなんだ独特な天気予報が出されます。その食べ物とは何でしょう？

1 お酒の仕込み時期を知らせる「マッコリ前線」
2 キムチの漬け込み時期を知らせる「キムチ前線」
3 新米でさらにおいしくなる「ビビンパ前線」

17 答え：2番

　ハワイの言葉で「アヒ」はマグロのこと。このアヒを使ったおいしいハワイ料理が「アヒポケ」です。「ポケ」は「切り身」という意味で、魚介類などの切り身をしょうゆやごま油、ハワイアンソルト（ハワイの塩）であえた料理です。ちなみに「アウポケ」という料理もあり、これはハワイの言葉で「アウ」とよばれるカジキを使ったもので、「アヘ」はハワイ語で「そよ風」を意味します。

18 答え：2番

　11月に入ると韓国では「キムジャン」とよばれるキムチの漬け込み作業が始まります。韓国気象庁では、毎年このキムジャンに適した時期の予想を新聞に発表するため、新聞などで「キムチ前線南下」というニュースになるそうです。キムチは乳酸菌による発酵食品で、腸のはたらきを整えてくれます。

教養・文化

第19問

11月には、田の神様が冬の間、山に戻る「十日夜(とおかんや)」という行事が行われる地域があります。昔、この晩にうなりながら成長すると信じられていた野菜がありました。それは何でしょう？

1 こまつな

2 はくさい

3 だいこん

第20問

フランス語で「なべ」といわれる、冬から春にかけておいしい野菜はなあに？

1 だいこん

2 かぶ

3 ほうれん草

19 答え：3番

旧暦で10月10日の十日夜（とおかんや）は、東日本では「大根の年取り」といって、だいこんがその一晩で大きくなり、皮がむける日と伝えられています。畑のだいこんがうなりながら成長し、その音を聞くと命が縮むとも信じられていました。しかし実際に、だいこんは成長するときに根の皮が一度はげ、本当に"脱皮"して大きくなるそうです。

20 答え：2番

「かぶ」はフランス語で"navet"(ナベ)といいます。日本には、たくさんのかぶの品種があり、ほぼ関ヶ原を境に、東と西で系統が異なる品種が作られているのも興味深い点です。かぶは春の七草にも入っている野菜で、「春小かぶ」も有名ですが、10〜11月にかけても多く出荷されます。葉はカルシウムやカロテンが多く、根にはビタミンCを含んでいます。

教養・文化

第21問 春 夏 秋 冬

冬になると、かんきつ類のくだものがたくさん出回ります。さて、その中の「ネーブルオレンジ」の「ネーブル」とは、どんな意味でしょう？

1 「食べられる」という意味
2 「にぎりこぶし」という意味
3 「へそ」という意味

第22問 春 夏 秋 冬

昔は1文字だけの名前でよばれていたと考えられている、冬においしい野菜はな〜んだ？

NAME=□ 1文字

1 ねぎ
2 だいこん
3 かぶ

教養・文化

21　答え：3番

　「ネーブル」は英語で"navel"と書き、「へそ」という意味です。実の上の部分がへそのように盛り上がっていることから、よばれるようになりました。オレンジには、このネーブルのほかに、「（普通）オレンジ」、赤い果肉が特徴の「ブラッドオレンジ」の3つの品種群があります。ネーブルは種がないのが特徴で、日本でも栽培されています。

22　答え：1番

　ねぎの昔の名前（古名）は「き」でした。ねぎを別名で「人文字（ひともじ）」ともよばれるのは、昔はこの1文字だけの名前だったからとも、また枝分かれした形が「人」の字に似ているからともいわれます。ねぎはどんな料理にも使うことのできる野菜の1つで、香り成分の硫化アリルは血行をよくし、体を温めます。またビタミンB₁のはたらきも高めてくれます。

教養・文化

第23問

春 夏 秋 冬

鳥取県では冬になると、家族の中のある人の呼び方に似た名前の
おいしい魚が捕れます。その魚の名前とは何でしょう?

1 じじちゃん

2 ばばちゃん

3 ととちゃん

第24問

春 夏 秋 冬

おせち料理の「黒豆」には「1年間まめに暮らせますように」
という願いが込められています。
では、「まめに暮らす」とは
どういう意味でしょう?

1 じょうぶで元気に暮らす

2 楽しく遊んで暮らす

3 毎日勉強して暮らす

33

教養・文化

23 答え：2番

「ばばちゃん」は正式な学名を「タナカゲンゲ」といい、冬に行われる松葉ガニ漁の底引き網などで一緒に捕れる深海魚です。ナマズのような形をしていて、昔は漁師さんの間だけで食べられていました。味がとてもよいため、鳥取県岩美町では町おこしの新名物として大々的に売り出し中とのことです。11月から3月ごろが一番おいしいそうです。

24 答え：1番

「まめ」とは、「労をいとわずに、ものごとに励む姿や体が丈夫で達者なこと」をいいます。なので「まめに暮らす」とは、「まじめにはたらき、健康に暮らす」ということになります。黒豆は大豆の一種で、黒い色は「アントシアニン」という色素によるもの。黒豆の黒には魔よけやわざわいをさける力もあるとされ、1年の幸せと健康、勤勉を願って食べます。

教養・文化

第25問　春 夏 秋 冬

冬はみかんの仲間のかんきつ類のくだものがおいしいですね。さて「たまたま」という名前の品種のあるかんきつ類のくだものは次のどれでしょう？

1 きんかん

2 いよかん

3 ぽんかん

「たまたま」

第26問　春 夏 秋 冬

2月には節分がありますね。漢字で魚へんに鬼と書く魚は次のどれでしょう？

1 イワシ

2 イトウ

3 ハリセンボン

25

答え：1番

　「たまたま」は「きんかん」の品種名。宮崎県で栽培され、生で食べるきんかんのうち、一定の条件をクリアしたものだけが名乗ることを許されるきんかんです。とくに糖度18度以上のものは、「たまたまエクセレント」とよばれます。きんかんは「金冠」（金のかんむり）とも書かれ、縁起のよい食べ物とされます。皮ごと食べられ、ビタミンCもたっぷりです。

26

答え：2番

　イトウは「伊富」とも書き、北海道に生息するサケ科の淡水魚です。大きなものは1mを超える日本最大の淡水魚です。サケと違って産卵しても死なず、一生のうち何度も産卵するそうです。数が年々減り、「幻の魚」ともよばれました。環境省のレッドリスト（絶滅危惧種）にも指定されています。身は美味で、養殖の取り組みも行われています。

第27問

春 夏 秋 冬

節分といえば、豆まき。使われる豆は「大豆」です。さて、この大豆を煮てすりつぶしたものを入れたみそ汁は、『三国志』の中に出てくる国と同じ名前でよばれます。
その汁とは次のどれでしょう？

1 魏汁

2 呉汁

3 蜀汁

第28問

春 夏 秋 冬

まだまだ寒い日が続きますね。英語で「ヤンソンさんの誘惑」という別名のある、寒い季節にぴったりの熱々のおいしい料理は何でしょう？

1 グラタン

2 ロールキャベツ

3 シチュー

27 答え：2番

　大豆を煮てすりつぶしたものを「呉（ご）」といい、それをみそ汁に入れたものを「呉汁」といいます。三国志の孫権の国、呉と同じ名前ですね。昔はよく田んぼのあぜに大豆を植えて栽培をしていました。肌寒くなる秋の終わりに豆を収穫し、呉汁に仕立てます。野菜や根菜をたくさん入れた呉汁は栄養がたっぷりで、体も温まる冬の各地に伝わる郷土料理として親しまれています。

28 答え：1番

　「ヤンソンさんの誘惑」（Jansson's temptation）は、もともとスウェーデンに伝わる家庭料理で、じゃがいものグラタンのことです。いわしの缶詰のアンチョビとたまねぎを使うのが特徴です。名前の由来は、一説に19世紀にいた、普段は野菜しか食べないヤンソンさんが、この料理があまりにおいしそうだったので、誘惑に勝てずについ口にしてしまったことから名付けられたといわれます。そのほか、スウェーデンでヒットした映画のタイトルからとする説もあります。

教養・文化

第29問

春 夏 秋 冬

もうすぐ春。心がうきうきしてきます。そわそわしていて転んだりしないでくださいね。さて、イタリアにはその名も「ズッコロ」という食べ物があります。それは何でしょう？

1 かぼちゃ
2 砂糖
3 バナナ

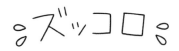

第30問

春 夏 秋 冬

春キャベツがおいしい季節です。キャベツの切り方に「せん切り」がありますが、フランス語では「せん切り」を女の子のある名前と同じ名前でよびます。その名前とは何でしょう？

1 アンヌ
2 ジュリエンヌ
3 マリエンヌ

教養・文化

29 答え：2番

　「ズッコロ」はイタリア語で「砂糖」という意味です。砂糖の炭水化物（糖質）は、ご飯やパンのものに比べて消化吸収が早く、すぐに体や脳のエネルギーになります。勉強の合間や疲れたときに砂糖入りの甘い物を一口とると効果的です。しかし、甘い物のとりすぎは肥満や糖尿病など生活習慣病を引き起こす原因になります。また、むし歯になるリスクも高めます。

30 答え：2番

　フランス語で「せん切り」のことを「ジュリエンヌ」といいます。これはジャン＝ジュリアンというフランスの名コックさんの名前にちなんだもの。たまねぎ、にんじん、セロリなどの野菜を、このジュリエンヌに切り、固形スープの素を溶かしたスープに加えてさっとひと煮立ちさせ、塩・こしょうで味をととのえれば、「コンソメジュリエンヌ」の完成です。

サイエンス

サイエンス

第1問

春夏秋冬

春を告げる「ふきのとう」と、煮物などにするとおいしい「ふき」は同じ植物でしょうか、それとも違う植物でしょうか？

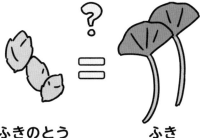

ふきのとう　　　ふき

1 同じ植物
2 名前だけが同じで違う植物

第2問

春夏秋冬

次の食べ物はどれも透明で細長い形をしていますが、この中で海そうが原料となっているものはどれでしょう？

1 しらたき
2 はるさめ
3 ところてん

サイエンス

① 答え：1番

　形が違うので、違う植物と思っている人が多いのですが、地面から先に出てくる「ふきのとう」は、ふきの若い花茎（花だけを付ける茎）で、後から出てくる葉や葉柄（葉と茎をつなぐ細い部分）である「ふき」とは、土の中の「地下茎」でつながっています。どちらも春の到来を告げる味です。ふきのとうを採らずにいると、やがてとうが立って花が咲きます。雄花と雌花があり、雄花はタンポポのような綿毛の付いた種を飛ばします。

② 答え：3番

　「ところてん」は、テングサなどの海そうをゆでて溶かし、冷まして固めた後、「天突き」とよばれる専用の器具で押し出してめんのようにします。漢字では「心太」「心天」の字が当てられますが、これは昔、ところてんが「こころぶと」「こころてい」とよばれたため。なお、「しらたき」はこんにゃくいもから、「はるさめ」は緑豆やいものでんぷんから作ります。

サイエンス

「ベーグル」というパンを知っていますか？
このベーグルの作り方で、ほかのパンを
作るときにはまずしない、あることをし
ます。それは一体、何でしょう？

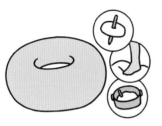

1 手でこねた生地を棒で刺してクルクル回す
2 手でこねた生地をさらに足で踏んでコシを出す
3 手でこねた生地を一度ゆでてから焼く

5月29日は「こんにゃくの日」です。こんにゃくは何から作られる
のでしょう？

1 海そうから

2 いもから

3 動物のあぶらから

3 答え：3番

　「ベーグル」は、ほかのパンとは異なり、バターや卵を使いません。作るときに「生地をゆでる」のが特徴で、モチモチとした独特の食感はそこから生まれます。名前の由来は昔のオーストリアで、乗馬が大好きな王様に、ドイツ語で「ビューゲル」という馬具の「あぶみ」に似せた形に作って献上したことからともいわれています。

4 答え：2番

　「こんにゃく」は「コンニャクイモ」というサトイモ科のいもから作られます。体内で消化されない炭水化物の食物繊維がほとんどでエネルギーにはなりません。いもの粉末を水と混ぜ、アルカリ（水酸化カルシウム等）で固めます。そのためあく抜き前は、食品では珍しく強いアルカリ性を示します。半透明の白こんにゃく、今はひじきなどの粉末を入れて作る黒こんにゃく、赤こんにゃくもあります。

サイエンス

第5問

春 夏 秋 冬

お吸い物などに使われる「麩」は、何から作られるのでしょうか?

1 大豆

2 小麦

3 米

第6問

春 夏 秋 冬

今の時期にしか味わえないくだものの代表がびわです。「びわ」の花を見たことはありますか。びわの花は一体、いつ咲くのでしょう?

1 木の葉が落ちる冬

2 梅が咲く早春

3 八重桜が咲く晩春

サイエンス

5 答え：2番

　「麩」は、もともとは肉食をしないお坊さんのための食品として考案され、中国から日本に伝わりました。外見は、パンに似ていますが、パンは酵母で生地をふくらませるのに対し、麩は発酵させずに食塩水を加えて生地を練り、布の袋に入れて水の中でもんで、小麦のグルテンだけを取り出して「生麩」を作ります。そこから「焼き麩」や中華料理でよく使われる「揚げ麩」が作られます。

6 答え：1番

　ほとんどの植物は、冬に花を付けませんが、「びわ」は11〜12月が開花時期。びわは、りんごや梅、桜と同じバラ科の植物です。寒い時期に咲くせいか、花は茶色い毛にくるまれています。びわの実は90％が水分で、ビタミンA（β-カロテン）を多く含みます。ほのかな甘さが魅力なので、冷やしすぎると甘さが感じづらくなります。初夏の暑い日に枝からとって食べると、のどが潤います。

サイエンス

第**7**問

春 夏 秋 冬

初夏から夏にかけて一番おいしくなるという「ドジョウ」。じつはこのドジョウ、同じ川にすむ、ある魚の仲間です。その魚とは何でしょう？

1 コイ

2 メダカ

3 ウナギ

第**8**問

春 夏 秋 冬

「ムール貝」という貝を知っていますか。パエリアやパスタによく用いられる貝です。このムール貝には、とても奇妙な和名（日本での呼び名）があります。それは次のどれでしょう？

1 ニガイ

2 ヒガイ

3 イガイ

7

答え：1番

　「ドジョウ」はコイの仲間。その証拠に口のまわりにひげが生えています。名前の由来は「土から生じる（土生）」と考えられていたからとか、「泥土魚（どぢうお）」とよばれていたからなど諸説あります。水田や沼などにすみ、「精がつく」と昔からよく食べられていました。カルシウム、鉄、ビタミン B₂、B₁₂、D などを多く含み、淡泊な味で食べやすい魚です。

8

答え：3番

　「ムール貝」は、日本で「イガイ」とよばれる貝の仲間です。この名はアサリなどの貝とは違うという意味の「異貝」「否貝」に由来するといわれます。大正時代以降、在来種のイガイに代わって、外来種のムラサキイガイが外国船の船底などに付いて全国に広まり、たくさん採れるようになりました。ビタミン B₁₂、鉄などを多く含む貝です。

サイエンス

春 夏 秋 冬

バナナの種はどこにあるでしょうか?

1 種はない
2 実そのものが種
3 実の先にあるが、小さくて見えない

春 夏 秋 冬

夏になるとおいしい真っ赤な「トマト」。甘いトマトを見分ける
方法とは次の中のどれでしょう?

1 コマのように回してみる
2 砂糖水に浮かべてみる
3 ヘタのにおいをかいでみる

9 　答え：1番

　「バナナ」は高さが数メートルにもなる大きな草になる実です。野生のバナナには小豆大の種が実るものもあるそうですが、突然変異で細胞分裂が不規則になり、種の出来ないバナナが生まれました（三倍体）。そのため食用バナナのほとんどに種はありません。輪切りにしたときに中心部にある小さな黒い点は、種があったころの名残で、バナナを増やすには、茎の根元から出てくる新芽を使って育てます。

10 　答え：2番

　トマトを水に入れただけでは沈んでしまうことが多いですが、水に砂糖を少しずつ入れていくと、浮かぶトマトと沈んだままのトマトがでてきます。それは実の中の糖分が水分より重いため、甘いトマトは沈んだままになります。また「トマトが赤くなると医者が青くなる」という言葉もあるほど体の調子を整える栄養が豊富で、中でも動脈硬化や細胞の老化を防ぐリコピンを多く含んでいます。

サイエンス

春　夏　秋　冬

「しょうが」にはたくさんの香り成分があるといわれます。一体、いくつくらいあるのでしょうか?

1 5

2 20

3 200

春　夏　秋　冬

おすしのかんぴょう巻きなどに使われる「かんぴょう」は、一体、何から作られるでしょう?

1 ある海そうから

2 ある植物の実から

3 あるいもの仲間から

11　答え：3番

　「しょうが」は200種類以上もの香り成分を含み、さまざまな効能もあることが知られています。「ジンジャーエール」は、そうしたさわやかな香りを利用した飲み物です。また辛み成分のジンゲロンやショウガオールには肉や魚などの臭みを消す消臭作用や、付着した細菌の増殖を抑える抗菌作用があります。しょうがは漢方でも欠くことのできない薬草の1つです。

12　答え：2番

　ウリ科の植物であるユウガオの果肉を細長く帯状に削って干したものが「かんぴょう」です。保存食で栃木県が特産地です。じつは、ユウガオはひょうたんと同じ種類の植物で、ひょうたんがインドに伝わり、栽培されているうちに苦みの少ないものが食用となったと考えられています。また沖縄料理では、このユウガオの実を「チブル」とよんで、炒め煮などにして食べます。

サイエンス

第13問　春夏秋冬

植物にはラテン語で世界共通の学名が付けられますが、「オオカミの桃」という意味の学名が付けられた野菜は何でしょう？

1 トマト

2 たまねぎ

3 さつまいも

第14問　春夏秋冬

生きているカニやエビには茶色いものが多いのに、どうしてゆでると赤くなるのでしょう？

1 熱でカニやエビが

　のぼせてしまうから

2 真水につけると怒るから

3 ゆでるとたくさんある色の中で赤だけが残るから

サイエンス

⑬ 答え：1番

　「トマト」の学名はSolanum lycopersicumで、ラテン語でSolanumは「ナス属」を表し、lycopersicumは「オオカミの桃」という意味です。健康によい効果があるとされる、トマトの赤い色のもと「リコピン」は、ここから名付けられました。トマトにはうま味のもともたくさん含まれています。食いしん坊のオオカミさんもきっと大満足の野菜でしょう。

⑭ 答え：3番

　エビやカニにはアスタキサンチンという赤い色素があります。エビやカニが生きているときには、この色素は体のほかの物質と結合して違う色をしていますが、ゆでる（加熱する）とこの結合が解かれ、アスタキサンチンが残って赤くなります。ちなみに白身のサケやマスがやや赤いのも、タコをゆでると赤くなるのもこの色素のためです。

サイエンス

第15問

春 夏 秋 冬

「秋なすび嫁に食わすな」ということわざがあるくらい、秋のなすはおいしいですね。なすの仲間にはいろいろな種類の野菜がありますが、次の中でなすの仲間でないものはどれでしょう？

1 ピーマン

2 じゃがいも

3 ズッキーニ

第16問

春 夏 秋 冬

10月13日は「さつまいもの日」。江戸時代に日本に伝えられたさつまいもですが、「十三里」ともいうのは、当時の産地・埼玉県川越市が江戸から13里離れ、「栗（9里）より（4里）うまい13里」としゃれたことからともいわれます。さて、たくさんとれたさつまいもを長く保存するにはどうしたらよいでしょう？

1 冷蔵庫で保存する

2 そのまま室内で保存する

3 水で洗っておふろ場で保存する

⑮ 答え：3番

　形は少し似ているところもありますが、「ズッキーニ」はかぼちゃの仲間です。ちなみにイタリア語ではかぼちゃを「ズッカ」、ズッキーニは「ズッキーナ」といいます。さて、なすの仲間の野菜（ナス科）には、じゃがいもやピーマンのほかに、トマトやししとうもあります。それぞれの花をよく見てみると、形やつくりから同じ仲間であることがよくわかります。

⑯ 答え：2番

　熱帯でとれるバナナなどを冷蔵庫で保存すると傷んでしまうことはよく知られています。さつまいもも最適な保存温度は13〜16℃なので、これより低い温度で保存すると褐色に色が変わって腐ってしまいます。また水分が多くても腐り、過度の乾燥も嫌います。そのため新聞紙などに包み、室内の冷暗所で保存するのが最もよいようです。

サイエンス

第17問

秋から冬にかけて収穫される「ごぼう」。さて、ごぼうはじつは
ある花の仲間の野菜です。その花とは何でしょう？

1 アサガオ

2 キク

3 ユリ

第18問

「ヒメジ」という魚を知っていますか？えさを探すための長い口
ひげがあるのが特徴の魚です。山口県ではこの魚をおとぎ話の中
の主人公と同じ名前でよびます。
その名前とは何でしょう？

1 金太郎

2 桃太郎

3 浦島太郎

17

答え：2番

　「ごぼう」はキク科の野菜です。キク科は植物の中で最も進化し、いろいろな仲間に分かれた植物といわれ、身近なところではタンポポ、ひまわり、アザミなどがキク科です。野菜では春菊やレタス、ふきがキク科です。ごぼうの花はアザミの花に似ていますが、葉の形はふきに似ています。

18

答え：1番

　山口県の日本海側、北浦地方でとれるヒメジを地元の人は「金太郎」とよびます。真っ赤な色をしていることからこの名が付けられました。小骨が多く、調理が面倒なため、市場にあまり出回らず、おもに産地だけで食べられていましたが、今、そのおいしい味が地域おこしに役立っています。ヒメジは、京都府舞鶴市ではヒトボシ、島根でキンギョ、九州でヒメとよんだりします。

サイエンス

みなさんは「茶わん蒸し」は好きですか。じつは茶わん蒸しには
入れてはいけないといわれるきのこがあります。
それはどのきのこでしょう？

1 まいたけ

2 まつたけ

3 しいたけ

「ごぼう」には腸の中の善玉菌を助ける成分が含まれています。
ちょっと変わった名前をもつ、その成分とは次のどれでしょう？

1 ネコリン

2 イヌリン

3 トラリン

サイエンス

19 答え：1番

　「まいたけ」には卵のたんぱく質をバラバラにする、たんぱく質分解酵素が多く含まれています。たんぱく質はふつう熱を加えると固まりますが、茶わん蒸しに生のまいたけを入れてしまうと、この消化酵素の力がはたらき、ドロドロになってしまうことが知られています。ただし、あらかじめまいたけに火を通してから入れれば、この消化酵素がはたらかず、きちんと固まります。

20 答え：2番

　「イヌリン」は食物繊維の一種で、水に溶け腸内の善玉菌を増やすのに役立ち、ごぼうやキクイモなどキク科の植物に多く含まれます。またごぼうには水に溶けない食物繊維も多く、おなかのそうじをしてくれます。さらに豊富なアミノ酸や香り成分は料理の味を豊かにします。中国から薬草として平安時代に伝わったともいわれ、食用に栽培しているところは日本以外では少ないようです。

サイエンス

第21問

春 夏 秋 冬

よく冬になって気温が低くなると野菜が甘くなって
くるといわれます。はたしてこれは科学的に
本当でしょうか？

1 野菜の味は季節で変わらず、思い違いである

2 温かい煮物にすることが多くなるため、
　　そう感じることが多くなる

3 寒くなると野菜の成分が本当に少し変わる

第22問

春 夏 秋 冬

「西のフグ、東のアンコウ」といわれるように、冬になるとおい
しい魚が「アンコウ」です。じつは食べられているアンコウには
ある共通点があります。その共通点とは
何でしょう？

1 ほとんどがオスである

2 ほとんどがメスである

21 答え：3番

冬に入り、霜や氷が張る気温になると、野菜は自分の細胞が凍ってしまわないように、蓄えたでんぷんを糖分に変えるので、冬の野菜は甘く感じます。実は野菜の細胞はほとんどが水分であるため、凍ると体積が増し、細胞が破壊されて傷んでしまいます。ふつう水は0℃で凍りますが、塩や砂糖を溶かすとこの温度が下がる（凝固点降下）ため、細胞内の糖分で凍るのを防ぐことができるのです。

22 答え：2番

ふだん食べられているアンコウは、有名なチョウチンアンコウではなく、キアンコウという種類のアンコウです。一般にアンコウはメスのほうがオスよりも体がずっと大きく、食用になるもののほとんどがメスです。チョウチンアンコウの仲間には、オスがメスの体にかみつき、そのままメスの体の一部になってしまうものもあります。

サイエンス

おせち料理に「田作り」という小さないわしを使った料理があります。どうして魚料理が田んぼにちなんだ名前になったのでしょう？

1 昔、いわしは田を耕す農家の人にとって、大切な栄養源だったから

2 昔、いわしは田んぼに肥料としてまかれていたから

3 昔、田んぼによくいたメダカに姿や形が似ていたから

冬になるとおいしいみかん。「みかん」といえば江戸時代に紀州から嵐の中、みかんを船で江戸まで運んだ紀伊國屋文左衛門が有名です。じつはこのころのみかん、今のみかんとは植物学的に大きな違いがあります。それは何でしょう？

1 ほとんどのみかんに葉が付いていた

2 ときどき辛い味がするものがあった

3 ほとんどの房に種が入っていた

23 答え：2番

　小さないわしの煮干しを炒り、しょうゆ、砂糖、みりんを煮詰めた汁にからめたものが「田作り」です。この名前は昔、干したいわし（干鰯）を水田の肥料として用いたことに由来するとされます。そして、いわしを田んぼの肥料にすると「よい米がごまんととれる」といわれたことから、田作りの別名である「ごまめ」には、よく「五万米」の字が当てられます。

24 答え：3番

　文左衛門が嵐の中、今の和歌山県から船で運んだみかんは、今のみかんとは異なり、紀州みかんという品種で、ほとんどに種がある「種ありみかん」でした。昔は種がないみかんは「種なし＝子孫ができない」と縁起の悪いものとされたそうです。みかんはビタミンCがたっぷり。袋や白い筋には食物繊維が含まれているので丸ごと食べましょう。

サイエンス

第25問

春 夏 秋 冬

みなさんは「ペンペン草」という草を知っていますか。実の形が三味線のバチみたいで、根元を折ってふると、実がぶつかりあってかわいい音がします。このペンペン草、はたして食べることはできるでしょうか？

1 食べられる

2 食べられない

第26問

春 夏 秋 冬

火を扱うことの多くなる冬は火の用心が大切です。さて、火を消す「消火器」はリサイクルすると、食べ物にとても関係のある、あるものに生まれ変わるそうです。それは何でしょう？

1 調味料

2 肥料

3 食器

25 　答え：1番

　「ペンペン草」は通称で、この草の本当の名前は「ナズナ」です。この名前を聞いてピンと来た人はいますか？　そうです。1月7日におかゆに入れて食べる春の七草の1つです。ナズナは菜の花やキャベツと同じアブラナ科の草で、かつては早春の野菜としても食べられていました。またナズナの花言葉は、「あなたに私のすべてを捧げます」だそうです。

26 　答え：2番

　消火器に使われるABC消火薬剤の粉末には、肥料になるリンや窒素が多く含まれています。とくにリンはほとんどを輸入に頼る貴重な資源。有効期限を過ぎた消火器はこれまではただ捨てられていましたが、最近、新たな消火器に再利用したり、肥料としてリサイクルする技術が確立されました。

サイエンス

第27問

「あぶら」を表す漢字には、「油」と
「脂」という字がありますが、栄養学
では2つをきちんと区別して使って
います。その違いは何でしょう？

1 常温で液体なのが「油」、固体なのが「脂」

2 「油」は植物由来で、「脂」は動物由来のもの

3 サラサラしているのが「油」で、べとつくのが「脂」

第28問

わかめやこんぶなどの海そうはどこから
養分をとっているのでしょう？

1 根のような部分

2 葉のような部分

3 両方

27 答え：1番

　栄養学では常温で液体のものを「油」、固体を「脂」と使い分けます。ですからオリーブ油は「油」で、バターや牛脂、ラード（豚の脂）などは「脂」となります。まとめていうときは「油脂」、栄養素としては「脂質」といいます。一般的には動物由来のものに「脂」の字を当て、魚にも用いますが、ＥＰＡやＤＨＡなど、体によいはたらきをする魚のあぶらは常温で液体のものが多いのです。

28 答え：2番

　ふだん食べる葉のような部分は、「葉体」といい、そして根のような部分には岩に張り付く機能しかありません。じつは食用となる海そうは、花はなく種もつくらないため「種子植物」ではありません。海そうは胞子で増え、分類上はシダやコケと同じ「藻類」で、正しくは「海藻」と書きます。海そうはミネラルの宝庫です。最近はぬめり成分の栄養も注目されています。

サイエンス

「クエン酸」は、みかんやりんごなどの
くだものに多く含まれる成分です。この
クエン酸の名前の由来は何でしょう？

1 そのままではとても食べられないほど
すっぱいので、「食えん酸」とよばれたことから

2 発見者である「コーエン」さんの名前から

3 「レモン」を表す別の呼び名から

3月3日はひな祭りです。ひな祭りには「ひなあられ」を食べます。
このひなあられですが、関東では甘く細長で、関西ではしょうゆ
味や塩味で丸いものが多いようです。でも、どちらも同じものか
ら作られます。それは何でしょう？

1 小麦

2 大豆

3 米

サイエンス

29 答え：3番

　「クエン」は漢字で「枸櫞」と書き、レモンの別名です。この酸がレモンなどのかんきつ類に多く含まれることから、「クエン酸」という名前が付けられました。ほかのくだものや梅干しなどにも多く含まれ、さわやかな酸味で気持ちをリフレッシュしてくれます。クエン酸は体の中ではエネルギーを作り出すときに生み出され、「クエン酸回路」という名前で生物学にも登場します。

30 答え：3番

　どちらも米が原料です。関西ではもちを細かく砕き、火であぶったり油で揚げてから味付けをします。関東では米をそのままの形でポップコーンのように膨らませてから砂糖で甘く味付けます。関西では名前の通り「あられ」ですが、関東では、こうして作った「爆米（ポン菓子）」のことを「ひなあられ」としたため、地域によって味や形に違いが出ました。

なぞなぞ

なぞなぞ

第1問

春 夏 秋 冬

おかしなことはしていないのに、作って出すとひそひそと笑われてしまう、北アフリカの伝統料理はなあに？

第2問

春 夏 秋 冬

逆さにすると「とってはだめだ〜」という印がぐるぐる渦を巻いて浮かび上がってくるといわれる、恐怖のかまぼこはな〜んだ？

ヒント うず潮でも有名です

なぞなぞ

1 答え: クスクス

　「クスクス」は小麦粉などを加工し、そぼろ状の小さな粒にしたもので「世界最小のパスタ」といわれます。ゆでたり蒸してやわらかくした後、上から肉や野菜のスープをかけて食べます。北アフリカから、イタリア、フランス、ブラジルにも伝えられ、今は世界各地で親しまれている料理です。

2 答え: なると

　「なると」を逆さにしたら、向きが変わったうず巻きから「とるな」のマークが本当に出てきたらおもしろいですね。「なると巻き」は江戸時代の料理の書物にも登場し、現在は静岡県焼津市が一大産地です。昔は2色の魚のすり身を巻きすで巻いて作りました。周りにあるギザギザはその名残です。

なぞなぞ

第3問

春 夏 秋 冬

みんなに愛をふりまきながらチューしてまわる、
ラブリーな魚はなあに？

第4問

春 夏 秋 冬

天下の副将軍、水戸黄門（徳川光圀）と、南町奉行の大岡さま（大岡忠相）と、北町奉行の遠山の金さん（遠山景元）が将軍さまに食事によばれたよ。遠慮してちょっとだけしか食べられなかった人はだあれ？

1 水戸黄門

2 大岡さま

3 遠山の金さん

3

答え：きす

　刺し身、塩焼き、てんぷらと淡泊でくせのない白身魚のきすは、漢字で「鱚」と書き、縁起が良いことから、江戸時代には、毎日将軍の食卓に上りました。きすは夜、暗くなると砂の中に潜ってきちんと寝て、朝日が出ると起き出す「早寝早起き」の魚だそうです。みんなも見習いたいですね。

4

答え：2番

　「おおかあ（大岡）くわねえ、たった一膳（越前）」は落語「三方一両損」の有名なオチです。3人が一堂に会することは歴史上ありませんでしたが、江戸時代に徳川光圀は中国の学者に作ってもらったラーメンを食べ、大岡忠相は青木昆陽を将軍に推挙して、さつまいも栽培の普及に一役買いました。遠山景元は江戸町奉行になる前に長崎奉行を務め、コーヒーが大好物だったそうです。

なぞなぞ

第5問

春 夏 秋 冬

6月は食育月間です。「給食を好ききらいせずに食べる子」
とかけまして、「日本一の富士山の高さ」
とときます。
その心は？

第6問

春 夏 秋 冬

引いては取り出せない調味料はなあに？

なぞなぞ

5 答え：**みななろう（3776m）**

　富士山の高さは3776mです。学校給食は、みんなが健康に大きくなれるよう、一食分で栄養のバランスがとれるように考えられた献立です。好ききらいして全部食べずに残してしまうと、そのバランスが崩れてしまいます。日本一の富士山のように立派に大きくなるためには、給食を好ききらいせずに食べる人を見習い、みんな（そう）なれるようにがんばりましょう。

6 答え：**お酢**

　「す（し）っぱいは成功のもと」ともいいます。酢は酒造りの副産物として生まれたと考えられています。古くなったお酒が発酵してできたのが酢で、それを調味料にしたのです。お酢は殺菌作用に優れ、食べ物の保存に役立ちます。疲れをとるといわれるクエン酸も含まれています。まさに「すっぱいは健康のもと」ですね。

なぞなぞ

第7問
春 夏 秋 冬

「8つ食べると幸せな人になれる」という
伝説がある野菜はなあに？

第8問
春 夏 秋 冬

さくを外すと、ちょっとやんちゃに暴れだす、初夏においしい
くだものはなあに？

7 答え：ピーマン

　8つ食べて「ハッピーマン」になれるかはわかりませんが…。ピーマンは栄養がぎっしり詰まった野菜で、とくにビタミンCや、体の抵抗力を強めるβ-カロテン（ビタミンA）が豊富です。抗酸化作用があり、肌の調子を整える作用もあります。もしかすると、本当に伝説通りの野菜なのかもしれません。

8 答え：さくらんぼ

　「さく（柵）」をとっても決して「らんぼう」はしないと思いますが…。さくらんぼは「桜桃」ともいいます。6月の「桜桃忌」は、小説家の太宰治の命日で、死の直前に発表した彼の小説『桜桃』にちなむものです。栽培に手間ひまがかかり、「赤い宝石」ともよばれます。初夏を告げる、とても愛らしいくだものです。

なぞなぞ

だい第9問もん

中に身が入っていると、
深く心にしみてくる
貝はなあに？

ヒント 間に「み」が入ると…

だい第10問もん

逆さにされても、「ぼくはももだ！」と言い張る、
夏のくだものはなあに？

83

9　答え：しじみ

　中に「み」があると本当に「しみじみ」しますね。えっ、「しみじみみ」じゃないかって？　そこはご愛敬で。しじみはうま味成分を含み、肝臓によい食べ物として知られます。土用には、暑さに負けないよう「土用しじみ」も食べられます。淡水にすむ「ましじみ」と、海水と淡水が混ざり合った汽水にすむ「やまとしじみ」などがあります。

10　答え：すもも

　「すもも」が逆さにされても「（俺は）ももッス、ももッスよ…」と言い張るか微妙ですが…。「すもももももももものうち」といいますが、すももは桃とは種が異なります。中国から伝わり、漢字は「李」で、「李下に冠を正さず」「桃李もの言わざれども下自ら蹊を成す」などすももにちなんだ故事成語もあります。桃と比べて酸っぱいため「酢桃」と書かれることもあります。

なぞなぞ

第11問
<small>だい</small> <small>もん</small>

春 夏 秋 冬

海そうが入っている部活はな〜んだ？
<small>かい</small> <small>はい</small> <small>ぶ かつ</small>

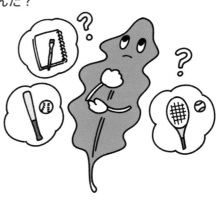

第12問
<small>だい</small> <small>もん</small>

春 夏 秋 冬

逆さにすると「目に入れても痛くない」と、
<small>さか</small> <small>め</small> <small>い</small> <small>いた</small>
よく世間でいわれている食べ物はなあに？
<small>せ けん</small> <small>た もの</small>

85

なぞなぞ

11

答え：こんぶ

「めかぶ（わかめの一部）」でも正解にします。「こんぶ」の名は、一説ではアイヌ語に由来するといいます。北海道がおもな産地ですが、室町時代から船を使って大量に運ばれて全国に広まりました。さらに当時は琉球とよばれた沖縄にまで運ばれ、今も沖縄料理には欠かせない食材になっています。

12

答え：ごま

「まご（孫）」なら目に入れても痛くないでしょうが…。でも、逆さにしても本当のごまを目に入れたりしてはいけませんよ。原産地はアフリカです。ごまは人の体でつくることの出来ないリノール酸や、血中のコレステロールを適正に保つオレイン酸が含まれています。健康だけではなく和食にも欠かせない食材です。敬老の日にはおじいさん、おばあさんに、ごまを使った料理のことを聞いてみましょう。

なぞなぞ

第13問

「大」や「中」はあるけど、
「小」のないものな〜んだ？

ヒント おすしのネタの魚です

第14問

読書の秋です。本と並ぶと、本に書いてあることにすぐに疑いを
持つ、海の食べ物は何でしょう？

ヒント ホン「ト」並ぶと…

87

なぞなぞ

13 答え：マグロ（トロ）

「トロ」はマグロのあぶらの多い腹や背の部分のことを指し、肉がとろりとしていることから、こうよばれたそうです。いたみやすいため、冷凍庫や冷蔵庫がなかった昔は、食べずに捨ててしまうこともありました。とくにあぶらがのった腹の部分が「大トロ」で、ほかはすべて「中トロ」になります。「小トロ」はありません。

14 答え：カニ

本と並ぶと、いつも「ホントカニ…」と疑いながら読んでしまうとか…。カニは高たんぱく質、低カロリーの食品で、ビタミンB群や亜鉛、銅といった無機質（ミネラル）も含んでいます。また「かにみそ」とよばれる部分は、じつはかにの脳みそではなく、内臓の一部なのだそうです。

なぞなぞ

第15問

春 夏 秋 冬

夏から秋にかけてとてもおいしいくだものだけど、
逆さにするとへたれてくにゃ～っと
なってしまうものはなあに？

第16問

春 夏 秋 冬

「森のくまさん、ミルキークイーンに
ひとめぼれ。乙女ごころ、どまんなか
にどんとこい！」。これらに共通する、
秋においしい食べ物とは何でしょう？

ヒント 「あきたこまち」や「コシヒカリ」といえば…

なぞなぞ

15

答え：なし

とれたてのなし、逆さにしても決して「しな〜っ」とはなりませんが…。なしの独特のシャリシャリ感は「石細胞」といって、食物繊維のかたまりのような組織が果肉にたくさんあるためです。なしには水分がたっぷり含まれているので、暑い日には水分補給になしを食べるのもいいですね。

16

答え：お米

「森のくまさん」は熊本県、「ミルキークイーン」は茨城県のほか、東北地方南部より南の各地で作られています。「ひとめぼれ」は宮城県、「乙女ごころ」は「ミルキークイーン」の別名。「どまんなか」は山形県、「どんとこい」は新潟県で作られました。ほかにも楽しい品種名はたくさんあります。どんな名前があるか、調べてみましょう。

90

なぞなぞ

第17問

春 夏 秋 冬

塩やしょうゆ、みそはあるけど、
砂糖だけはなぜかほとんど
見かけない料理はなあに?

ヒント

塩○ー○○、みそ○ー○○といえば

第18問

春 夏 秋 冬

算数ができるという
魔法の液体はな〜んだ?

ヒント

足したり、かけたり、割ったり、
ときには引くこともできます

17 答え：ラーメン

　ラーメンは汁に中華めんを入れた料理で、日本でとりわけ発達しました。めんにかんすいを用いるのが特徴です。調味料の「さしすせそ」でいうと、塩、しょうゆ（せうゆ）、みそはありますが、砂糖ラーメンはほとんど見かけません。もう1つの酢ラーメンは、新ラーメンとして紹介されはじめています。

18 答え：お湯

　ちなみに水も割ることまではできそうですが、食べ物にまつわることで引くことができるのはお湯だけのようです。「湯引き」とは魚や肉をさっとお湯にくぐらせて、臭みや余分な脂肪をとることです。またお湯で忘れてならないのは「ゆでる」や「ゆせん」です。100℃など一定の温度に保ちながら加熱調理することができます。

なぞなぞ

第19問

春 夏 秋 冬

よくお芝居が下手な役者さんのことを
「大根役者」といいます。
その理由とは何でしょう？

ヒント

だいこんは、昔からどんなに食べても、

どんな食べ方をしても、おなかをこわさないと

いわれました。そこからしゃれで…

第20問

春 夏 秋 冬

学校の近くにも、公園の近くにも、
駅の近くにも、さらには海や山、湖の
近くにもある食べ物屋さんはなあに？

93

19 答え：「あたらない」から

　だいこんには食べ物の消化を助ける酵素があり、昔から食あたりしないといわれました。ところで役者さんが何かで大ヒットし、人気が出ることを俗に「あたる」といいますが、下手な役者は決して「あたること」がないため、ここから「大根役者」とよぶようになりました。決して白いとか、太いからではありません。

20 答え：そば屋

　どんな所でも近くにあるのが「そば屋」…。そばを現在のようにめんの形にして食べるようになったのは江戸時代からといわれます。江戸時代の中期になると月末にそばを食べる「三十日（みそか）そば」という風習が起こり、それが大みそかにそばを食べる習慣として残ったといわれます。

なぞなぞ

第21問

春 夏 秋 冬

とてもおいしい肉なのに、
いつもはっきり名前を言って
もらえない鳥はな〜んだ？

第22問

春 夏 秋 冬

私はだれでしょうクイズです！

● お正月のおせち料理に入っています
● 黄金色をしていることから、金のかたまりを意味します
● 「お金がたくさんたまりますように」という
　願いがこめられます
● ふつうは、さつまいもとくりで作ります
● 孫悟空が乗る雲の名前に少し似ています

21 答え：カモ

　だれです？　おいしいお肉なのにいつも「カモかも…」なんて言う人は。「カモ」は、カモ目カモ科の鳥のうち、首があまり長くないものの総称で、マガモやカルガモ、アイガモなどが有名です。野生のマガモは、動物の肉を食べなかった明治時代以前の日本でもよく食べられていました。今、おもにカモとして食べられているのはアヒルです。アヒルは野生のマガモを家畜として飼育し改良された（家禽化）もので、生物学的には同じカモです。

22 答え：くりきんとん

　「勝ちぐり」の「くり」と、金運をよぶ「きんとん」で新年の幸せを願います。きんとんは「金団」と書き、金のかたまりのこと。見た目の豪華さもあり、豊かさと幸運をよぶおせち料理の定番です。ちなみに孫悟空の乗り物「きんと雲」の「きんと（觔斗）」には、中国語で「宙返り」という意味があるそうです。

なぞなぞ

第23問

もりもりたくさん食べておなかをふくらませると、ラッキーな
出来事がいっぱいやってくる
といわれる魚はなあに？

第24問

ポンと投げると、いつも必ずいい当たりをされてしまうという
かんきつは？

なぞなぞ

23

答え：たら

　「たらふく食べて福が来る」。この「たらふく」という言葉は、たらが語源という説もあります。たらは低カロリーで良質なたんぱく質が豊富。寒いこの時期のたらは、とくに「寒ダラ」とよばれ、山形県の庄内地方には、この寒ダラを1匹まるごと使う「どんがら汁」という郷土料理があります。

24

答え：ポンカン

　「ポンと投げてカ～ン！」。でも、本当に投げるのはやめてくださいね。「ぽんかん」という名は原産地インドの地名プーナ（Poona）に由来するとされ、明治時代に日本に伝えられました。独特な甘みと濃厚な香りが特徴です。「太田」「今津」「森田」「吉田」などの品種があります。

なぞなぞ

第25問

春 夏 秋 冬

もらうといつもカチンカチンに
凍っているお菓子はなあに？

凍!?

第26問

春 夏 秋 冬

「○○○食べた？」と聞くと、すぐに
「たべたりない～」と答えられて
しまう食べ物って、なあに？

○○食べた？

食べたりない～！

?

ヒント 返事をひっくり返すと答えがわかるよ

なぞなぞ

25

答え：チョコレート（冷凍）

　チョコレートを冷凍してバレンタインに渡したら恋の熱は冷めるのか、それとも熱気で溶けてしまうのか…。板チョコレートが作られたのは比較的新しく、1847年にイギリスで生まれ、その後、製法が工夫されて今のようなおいしいチョコレートになりました。日本では明治42 (1909)年に工場生産が始まっています。

26

答え：いなり

　「いなりたべた」をひっくり返すと「たべたりない」になりますね。またこれを2つくっつけた、「いなりたべたりない」は上から読んでも下から読んでも同じの「回文」。すし飯を味付けした油揚げで包んだいなりずし。関東ではおもに俵形、関西では三角形に仕上げるという特徴もあります。

なぞなぞ

第27問

春 夏 秋 冬

出されたら、子どもなら待たずに食べてもいい、冬においしい野菜はなあに？

第28問

春 夏 秋 冬

卒業シーズンです。お世話になった先生や友だちと離ればなれになってしまうこともありますね。でも、「たとえ天地がひっくり返っても、ぼくたちはずっと変わらない友情で結ばれた仲さ」と、主張する生き物がいます。
それは何でしょう？

なぞなぞ

27

答え：小松菜（こまつな）

「子どもは待つな」でこの名になったのではありません。「小松菜」のふるさとは東京都江戸川区（小松川地区）。江戸時代、この地を通りがかった将軍に、採れた青菜を汁にして差し上げたところ、とても喜ばれ、以後この青菜に土地の名を付けるようになりました。カルシウム豊富な健康野菜で、待ちきれないほどおいしいですよ。

28

答え：さかな（さかなのなかさ）

天地逆さまに読んでも変わらない…。魚と友情といえば、『三国志』の「水魚の交わり」が有名です。蜀の劉備は、三顧の礼で迎えた軍師、諸葛孔明をとても大切にしました。それを妬む昔の仲間たちに、劉備は「私のそばに孔明がいるのは、たとえれば魚が水の中にいるようなものだ」と答えたそうです。

なぞなぞ

卒業シーズンですね。さて、特別な人だけに
与えられる卵の部分といえば、

どこでしょう？

You're Special!!

世界で一番強いといわれる漬物はな〜んだ？

なぞなぞ

29 答え:黄身

　黄身をあげて、「キミだけだよ～」とはだしゃれですが…。黄身（卵黄）は白身（卵白）よりもたくさんの栄養分を含んでいます。黄身だけを使うものにカスタードクリームがあります。白身は90%が水分で、抗菌作用を持ちますが、食物アレルギーの原因になることが多い部分です。白身だけを使う食べ物にはメレンゲがあります。

30 答え:西京漬け

　世界最強だからこの名が付いたのではありませんが…。西京漬は、京都発祥の西京みそをみりんなどでのばし、旬の魚の切り身などを漬け込んだもの。西京みそは米こうじの効いた白みそで、明治以降、東京に対し京都を「西京」とよんだことから名付けられました。みそのうま味成分も取り込まれ、おいしさの面でもよりパワフルになります。

どんな「ふしぎな発見」がありましたか？

索引（五十音順）

＜あ＞

油・脂 …………………………… 69
アンコウ ………………………… 63

＜い＞

イトウ（魚） …………………… 35
いなり …………………………… 99

＜え＞

エビ・カニ ……………………… 55

＜お＞

大岡忠相 ………………………… 77
お湯 ……………………………… 91

＜か＞

カニ ……………………………… 87
かぶ ……………………………… 29
カモ ……………………………… 95
柑橘類の名前 …………………… 11
かんぴょう ……………………… 53

＜き＞

きす ……………………………… 77
黄身 ……………………………… 103
キムチ …………………………… 27
きんかん ………………………… 35

＜く＞

クスクス（パスタ） …………… 75
グラタン ………………………… 37
栗きんとん ……………………… 95

＜け＞

ゲンゲ（魚） …………………… 33

＜こ＞

ごぼう …………………………… 59

ごぼう（成分） ………………… 61
ごま ……………………………… 85
小松菜 …………………………… 101
米 ………………………………… 89
米（ひなまつり） ……………… 71
こんにゃく ……………………… 45
こんぶ …………………………… 85

＜さ＞

西京漬け ………………………… 103
さかな（さかなのなかさ）… 101
さくらんぼ ……………………… 81
サザエ …………………………… 17
さつまいも ……………………… 57
さといも ………………………… 25
砂糖 ……………………………… 39

＜し＞

しじみ …………………………… 83
じゃがいも ……………………… 13
しょうが ………………………… 53
消火器 …………………………… 67
食育月間（富士山） …………… 79

＜す＞

酢 ………………………………… 79
すいか …………………………… 21
助六 ……………………………… 11
ズッキーニ ……………………… 57
すもも …………………………… 83

＜そ＞

そうめん ………………………… 17
そば屋 …………………………… 93

\<た\>

だいこん ……………………… 29
大根役者 ……………………… 93
田作り ………………………… 65
食べ物屋さん ………………… 23
玉ねぎ ………………………… 21
たら …………………………… 97

\<ち\>

チョコレート ………………… 99

\<と\>

とうもろこし ………………… 19
ところてん …………………… 43
ドジョウ ……………………… 49
トマト(学名) ………………… 55
トマト(見分け方) …………… 51

\<な\>

ナイフ ………………………… 19
ナイフ(爪楊枝) ……………… 13
梨 ……………………………… 89
なずな ………………………… 67
なると ………………………… 75

\<に\>

にんじん ……………………… 25

\<ね\>

ねぎ …………………………… 31
ネーブル(へそ) ……………… 31

\<は\>

バナナ ………………………… 51
ハヤトウリ …………………… 23
春キャベツ …………………… 39
ハワイ料理 …………………… 15

\<ひ\>

ピーマン ……………………… 81
ヒメジ(魚) …………………… 59
びわ …………………………… 47

\<ふ\>

麩(ふ) ………………………… 47
ふきのとう …………………… 43
冬の野菜の甘み ……………… 63

\<へ\>

ベーグル ……………………… 45

\<ほ\>

ポンカン ……………………… 97

\<ま\>

まいたけ ……………………… 61
マグロ(すし) ………………… 87
マグロ(ハワイ) ……………… 27
豆(おせち) …………………… 33
豆(大豆) ……………………… 37

\<み\>

みかん ………………………… 65
みかん・りんご(クエン酸) …… 71

\<む\>

ムギ …………………………… 15
ムール貝 ……………………… 49

\<ら\>

ラーメン ……………………… 91

\<わ\>

わかめ・こんぶ(葉体) ………… 69

索引（四季別）

春

＜教養文化＞

柑橘類の名前 ···················· 11 問2
じゃがいも ························· 13 問3
ハワイ料理 ························· 15 問5
砂糖 ································· 39 問29
春キャベツ ························· 39 問30

＜サイエンス＞

ふきのとう ·························· 43 問1
ところてん ·························· 43 問2
こんにゃく ·························· 45 問4
びわ ································· 47 問6
みかん・りんご（クエン酸）···71 問29
米（ひなまつり） ·················· 71 問30

＜なぞなぞ＞

きす ·································· 77 問3
さかな（さかなのなかさ） ··· 101 問28
黄身 ································· 103 問29

夏

＜教養文化＞

ムギ ·································· 15 問6
サザエ ······························ 17 問7
そうめん ···························· 17 問8
とうもろこし ························ 19 問10
すいか ······························ 21 問11
玉ねぎ ······························ 21 問12

＜サイエンス＞

ドジョウ ······························ 49 問7
ムール貝 ···························· 49 問8
トマト（見分け方）············· 51 問10

しょうが ····························· 53 問11
かんぴょう ·························· 53 問12
トマト（学名）····················· 55 問13

＜なぞなぞ＞

食育月間（富士山）············· 79 問5
ピーマン ····························· 81 問7
さくらんぼ ··························· 81 問8
しじみ ······························· 83 問9
すもも ······························· 83 問10
こんぶ ······························· 85 問11

秋

＜教養文化＞

食べ物屋さん ······················ 23 問13
ハヤトウリ ··························· 23 問14
にんじん ····························· 25 問15
さといも ····························· 25 問16
マグロ（ハワイ）···················· 27 問17
キムチ ······························ 27 問18
だいこん ····························· 29 問19
かぶ ································· 29 問20

＜サイエンス＞

エビ・カニ ························· 55 問14
ズッキーニ ·························· 57 問15
さつまいも ·························· 57 問16
ごぼう ······························· 59 問17
ヒメジ（魚）························· 59 問18
まいたけ ····························· 61 問19
ごぼう（成分）····················· 61 問20

＜なぞなぞ＞

ごま ································· 85 問12
マグロ（すし）····················· 87 問13

カニ……………………………… 87 問14
梨…………………………………… 89 問15
米…………………………………… 89 問16

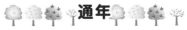

通年

＜教養文化＞
助六………………………………… 11 問1
ナイフ(爪楊枝)…………………… 13 問4
ナイフ……………………………… 19 問9

＜サイエンス＞
ベーグル…………………………… 45 問3
麩(ふ)……………………………… 47 問5
バナナ……………………………… 51 問9
油・脂……………………………… 69 問27

＜なぞなぞ＞
クスクス(パスタ)………………… 75 問1
なると……………………………… 75 問2
大岡忠相…………………………… 77 問4
酢…………………………………… 79 問6
ラーメン…………………………… 91 問17
お湯………………………………… 91 問18
西京漬け…………………………… 103 問30

冬

＜教養文化＞
ネーブル(へそ)…………………… 31 問21
ねぎ………………………………… 31 問22
ゲンゲ(魚)………………………… 33 問23
豆(おせち)………………………… 33 問24
きんかん…………………………… 35 問25
イトウ(魚)………………………… 35 問26
豆(大豆)…………………………… 37 問27
グラタン…………………………… 37 問28

＜サイエンス＞
冬の野菜の甘み…………………… 63 問21
アンコウ…………………………… 63 問22
田作り……………………………… 65 問23
みかん……………………………… 65 問24
なずな……………………………… 67 問25
消火器……………………………… 67 問26
わかめ・こんぶ(葉体)… 69 問28

＜なぞなぞ＞
大根役者…………………………… 93 問19
そば屋……………………………… 93 問20
カモ………………………………… 95 問21
栗きんとん………………………… 95 問22
たら………………………………… 97 問23
ポンカン…………………………… 97 問24
チョコレート……………………… 99 問25
いなり……………………………… 99 問26
小松菜……………………………… 101 問27

『食育クイズ名人』パワポ資料 ダウンロード手順

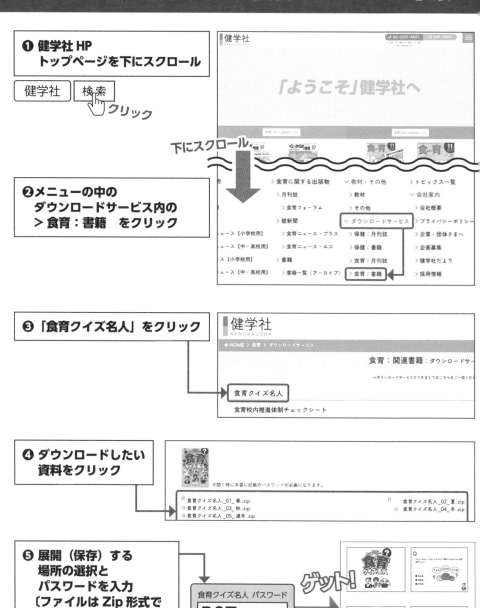

❶ 健学社 HP
トップページを下にスクロール

健学社　検索
クリック

下にスクロール

❷ メニューの中の
ダウンロードサービス内の
＞食育：書籍　をクリック

❸ 「食育クイズ名人」をクリック

食育クイズ名人
食育校内推進体制チェックシート

❹ ダウンロードしたい
資料をクリック

食育クイズ名人_01_春.zip
食育クイズ名人_03_秋.zip
食育クイズ名人_05_通年.zip
食育クイズ名人_02_夏.zip
食育クイズ名人_04_冬.zip

❺ 展開（保存）する
場所の選択と
パスワードを入力
〔ファイルは Zip 形式で
圧縮されています〕

食育クイズ名人 パスワード
BST

ゲット！

※本サービスは、本書をお買い上げいただいた方を対象にしています。
※著作物の利用、禁止事項、免責などは弊社 HP を承諾の上、ご利用ください。

おわりに

おめでとうございます！
あなたは、見事「食育クイズ名人」になれました！！
これからも、いつも「なぜだろう」「びっくり」「なるほど」の
疑問をもって、たくさんのふしぎな発見を続けてください。
また…お会いしましょう

表彰状

食育名人賞

　　　　　　　　　　殿

あなたは三賢人の出すクイズに
見事回答し食育クイズ名人と
なりました
そのチャレンジ精神をたたえ
ここに表彰します

　年　　月　　日

食育三賢人

※表彰状はホームページからダウンロードできます。

みんなで食べ物エキスパート
食育クイズ名人

2023 年 11 月 20 日　初版第 1 刷発行

編著者　　月刊「食育フォーラム」編集部研究グループ
発行所　　株式会社 健学社
　　　　　〒 102-0071 東京都千代田区富士見 1-5-8　大新京ビル
　　　　　TEL（03）3222-0557
　　　　　FAX（03）3262-2615
　　　　　URL：https//www.kengaku.com

イラスト　癒乃
デザイン　株式会社ニホンバレ

©Kengakusha 2023 Printed in Japan
ISBN：978-4-7797-0619-6　C8037